GUSTO

ALLE VIER EINEN

444 +4 Vierzeiler & 1 Dreizeiler

Text, Bilder & Gestaltung: Gusto
Lektorat: Vera Sinfol-Gwesn
© 2025 Gusto
cucico.de

Verlag: BoD · Books on Demand GmbH,
In de Tarpen 42, 22848 Norderstedt, bod@bod.de

Druck: Libri Plureos GmbH, Friedensallee 273
22763 Hamburg

ISBN: 978-3-7693-4018-1

Vorwort

Auch dieser kleine Band
und was darin zu lesen
aus Sprachliebe entstand
für wortschätzende Wesen.

ALLE VIER EINEN
444 +4 Vierzeiler & 1 Dreizeiler

Vier Zeilen (Intro)

Manchmal kann man's auf höchstens drei,
oft auf fünf oder mehr verteilen.
Doch hier drin hat ausnahmefrei*
ein jedes Stück genau vier Zeilen.

*abgesehen vom englischen Bonus-Dreizeiler

EINVIERUNG

Liebe Wortfreundinnen & Wortfreunde,

wie schön ist doch das Zusammenbringen. Die Magie, etwas Neues entstehen zu lassen, das mehr ist, als nur die Summe seiner Teile.
Und für diese Aufgabe ist eine geradezu prädestiniert: die Vier!

Die Vier ist von allen die Ehrlichste. Sie ist die einzige Zahl, die auch wirklich so viele Buchstaben hat, wie ihr Name verheißt. Diese aufrichtige Natürlichkeit kommt nicht nur bestens an; sie durchdringt seit jeher unseren Kosmos.
Oder wie viele Buchstaben haben Welt, Raum & Zeit oder Sein, Sinn & Herz? Genau... vier!
Die Vier ist Grundlage unserer Existenz. Vier Nukleinbasen bilden die DNS und sogar die Raumzeit selbst wird durch vier Dimensionen bestimmt.
Kein Wunder, dass das (Un)Wesentliche sich immer wieder in (und zwischen) vier Zeilen findet.
Also nix wie ran... gemeinsam... *ALLE VIER EINEN*!

Allerdings lässt sich nicht immer alles eindeutig kategorisieren oder in die sprichwörtliche Schublade stecken.
Und das ist auch gut so! Besonders, wenn es um Kunst geht.
Auch die hier zu lesenden „Four-Packs" sind meist derart mehrdeutig, dass sie sich thematisch kaum einordnen lassen. Für mehr Übersicht und Lesefreundlichkeit wurden sie dennoch in ein Schema „gezwungen".
Und um dem künstlerischen Anspruch Genüge zu tun, sind ALLE „Vierer" (& der Bonus-Dreizeiler) versmaß- und formtreue Paar-, Kreuz-, Block- oder Haufenreime.
Und alle 444 Vierzeiler finden sich folgerichtig wieder in exakt – wie sollte es auch anders sein – vier mal vier Kategorien.
(das Ganze verteilt auf $4 \times 4 \times 4 + 44 + 4 = 112$ Seiten)

Bei Entstehung dieses Werkes kam kein Vierzeiler (oder Dreizeiler) zu Schaden und sie alle erfreuen sich bester Gesundheit (Verrücktheit mal außer Acht gelassen).

Formal vier-, thematisch viel-schichtig, ist für jeden Geschmack etwas dabei.

Also gute Unterhaltung und vier... äh, viel Freude beim Lesen!

Gusto

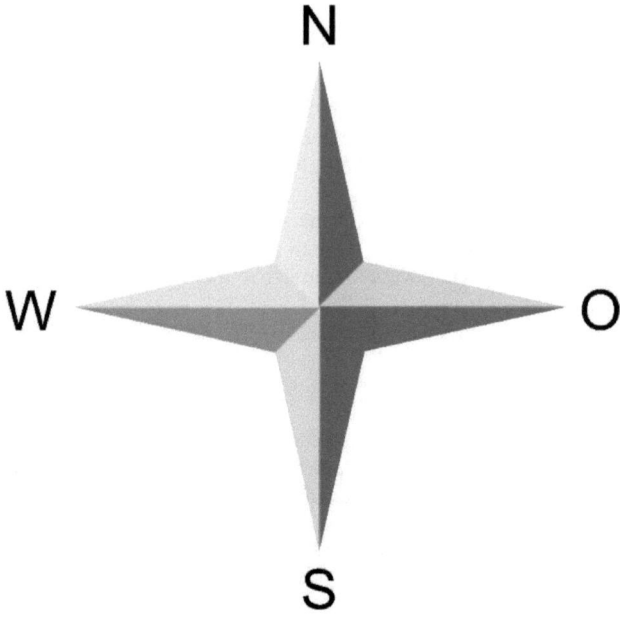

I

HALLO WELT!

Wort & Sprache

Satz-Bauer

Der Satz-Bauer im Alpha-Beet
pflanzt sanft den Buchstabensalat,
hegt liebevoll ihn Blatt für Blatt,
damit das Textgewächs entsteht.

Babel

Des Babelturmbaugrößenwahns
stets gleich klingender Ignoranz
begegne ohne Vorbehalt
mit kunterbunter Sprachvielfalt.

Aus Vers-Ehen

Gedichte entsteh'n aus vielen Gründen,
nicht selten sogar aus Lebensbünden,
die Zeilen eingehen,
also aus Vers-Ehen.

Per Vers

Ich stehe auf Dichtkunst in jedweder Form,
sogar auf Prosa, jedoch wär's
mir lyrisch am liebsten, das mag ich abnorm.
Ich hab es eben gern per Vers.

Ungesagt

Wer nicht reden kann oder wagt,
dem macht eines Mut:
Was zählt, ist meist auch ungesagt
ausgesprochen gut.

Prädikat

Die Sprache ist wahrlich ein Schatz
edelster Art.
Bei ihr hat wirklich jeder Satz
ein Prädikat.

Einspruch

„Einspruch!" rief der Anwalt vor
dem US-Gericht und dachte
er gewönne, doch verlor
gegen den, der zwei Sprüch' brachte.

Beschreiben

„Was soll'n wir eigentlich mit den
Papieren (denn nun) treiben?
Erklär'n oder mit Schrift verseh'n?"
„Na (was wohl...), sie beschreiben!"

Tetrastichon

Ein Tetrastichon generieren
heißt, Zeil'n wie D'Artagnan mit seinen
drei Musketier'n zusammenführen.
Das Motto ist: Alle vier einen.

Ruf an!

Der Chef mault: „Ans Telefon ran!"
Ich tu's und frag verwirrt: „Und dann?"
Er schäumt: „Du sollst anrufen, Mann!"
„Achso!" sag ich und rufe: „An!"

Unpoet

Ich kann keine Gedichte schreiben.
Ich wüsste gar nicht, wie das ginge.
Und es wird wohl auch stets so bleiben,
dass ich nicht einen Vers vollbringe.

Kurz-Poem

Die Erste Zeile schnapp ich mir,
dann folgt die zweite und dann nehm
ich Zeile drei und Nummer vier
vervollständigt das Kurz-Poem.

Diphthong

„Diphthong! Ein Diphthong auf 'nem Diphthong!"
spricht er und ich frage nach: „Pardon?"
Dann sagt er's nochmal genau:
„Ui! Ein Ei auf einer Au!"

Perfekt?

Beim Deutsch-Quiz riet ich schlicht „perfekt".
Da flog ich raus und guckte dumm.
Denn die Antwort war nicht korrekt.
Gefragt war das Präteritum.

Schlau

Ein Zeichen von Klugheit
ist Schweigefähigkeit.
Denn ohne „sch" ist schlau
nichts anderes als lau.

Hendiadyoin

Dem schüchternen Schüler wurd aufgetragen,
zu nennen ein Hendiadyoin.
Zurückhaltend wagte er nur zu sagen,
er würde sich genieren und scheu'n.

Band

Buchförmig als „der" definiert,
als Verbindung „das" tituliert,
nur als Musikgrupp' „die" genannt,
das Wort, welches als „Band" bekannt.

_hr

Wenn sich das Duo h & r
hinter einen Selbstlaut schleicht,
haben wir mit der *Ahr* die *Ehr*,
und *Ihr Ohr* nebst *Uhr* sich zeicht.

F

Das F, das lässt mich flink und froh,
bei Flügen und mit Frauen feiern.
Ohne es end ich link und roh
bei Lügen und mit rauen Eiern.

I

Weder Ihr
noch wir noch die
wären hier
ohne das i.

S

Jeden Start startet es allein,
und jeden Schluss beschließt nur es.
Es ist der Anbeginn vom Sein,
und alles endet mit dem S.

Gelaber

Es braucht Null Qualität
für schmieriges Gelaber.
Denn unterm Strich besteht
es nur aus Gel und aber.

Ruf

Der stumme Musterbürger kann
kein Wort sagen, keinen Schrei.
Trotzdem ist wahrlich er ein Mann,
dessen Ruf ist einwandfrei.

Flach

Wenn Kalauer ich mach,
sie schriftlich ich notier.
Das passt, denn sie sind flach,
genau wie das Papier.

Müll-Trennung

Müll trennen find ich wirklich toll
und wär dafür sofort parat,
doch weiß nicht, wie ich's machen soll,
weil Müll nur eine Silbe hat.

Hier & da & unterwegs

Garten

Wie hat die Erde es gepackt,
dass sie wurd zum Garten?
Durch Anziehungskraft von exakt
einem G plus Arten.

Eden

Ursprünglich war ja Eden
ein Paradies für jeden.
Doch wegen Fruchtklaus
flog der Mensch dort raus.

Meeres-Spiegel

Der Mensch in seinem Größenwahn
treibt selbstverliebt tatsächlich doch,
nur, dass er sich bewundern kann,
den Meeresspiegel weiter hoch.

Bei Fällen des Baums

Der Baum, des Baums, dem Baum, den Baum
zu unterscheiden, wird wohl kaum
Holzhacker vor Probleme stellen.
Die kennen sich aus mit Baum-Fällen.

Flüsse

Der wagemutige Arno
überschreitet mit Bug und Po
den Rubikon, was Don mitkriegt
und ihn über den Jordan schickt.

Nebel

Leben bedeutet: nach vorne geh'n!
Es hat keinen Umkehrhebel.
Der würd' nur verhindern, klar zu seh'n.
Denn Leben rückwärts heißt Nebel.

Heringe

Der Tierschützer macht Terz
beim Camping-Zelt Aufbauen.
Er bringt's nicht über's Herz,
die Heringe zu hauen.

Regen?

Wenn Wolkenkratzer lang genuch
Wolken zu kratzen pflegen,
gibt's statt 'nem trägen Wolkenbruch
vermutlich eher regen.

Halle / Saale

Fleißig übt die Athletin
für den großen Wettkampf in
dem Saale an der Halle
in Halle an der Saale.

Rhein-Main-Gebiet

Siegreich der Eroberer
ins Land um Rhein und Main einzieht.
Und sogleich verkündet er:
„Das alles ist rein mein Gebiet!"

Ausländer

Auf Urlaubsreise im Ausland
der Fremdenhasser sich selbst disst.
Denn er hat korrekt erkannt,
dass er dort der Ausländer ist.

Nomade

Ich kann nichts und niemanden hauen,
nie Sesshaftigkeit mich getrauen.
Denn ich verspür schon Unbehagen,
wenn ich nur denk ans Wurzeln Schlagen.

Porto

Einstmals in Portugal ein Riese
kurzerhand die Stadt sich griff
und auf sein Schreiben klebte diese.
So kam Porto auf den Brief.

An Kara

Als er in der Türkei
sie traf in Ankara,
verlor sein Herz der Kai
auf ewig an Kara.

Die Seine an der Seine

In Paris am Flussufer fleht
er kniend: „Bitte sei die Meine!"
Sie sagt: „Ja!", worauf er aufsteht
und küsst die Seine an der Seine.

Auf Tage unter Tage

Nach einer Woche Partyglück
im Bergwerk mit Gelage
blicken sie höchst beseelt zurück
auf Tage unter Tage.

Mit Gefährten

Gern mit Begleitern reise ich,
mit Fahrzeugen macht's auch glücklich,
weil ich auf beide Weisen
kann mit Gefährten reisen.

Rast

Ihr fragt, ob besser Gas gebt Ihr
oder Zeit für 'ne Pause lasst.
Nun, ganz eindeutig lautet hier
die Top-Empfehlung für Euch: Rast!

In & Out

Drin rumhocken ist selten Trend;
zum Rausgehen tendiert man hin.
Das klingt durchaus ambivalent.
Doch in ist out und out ist in.

Unterirdisch

Verschüttet überstand alleine
der Kumpel unter Tag' ein Jahr.
Das war beachtlich und doch eine
Leistung, die unterirdisch war.

Netz-Spinnerei'n

In der Natur sind's Spinnerei'n,
welche lassen das Netz gedeih'n.
Online aber hingegen geht
das ganze genau umgedreht.

Egal

Und wenn sie noch so wichtig ist,
wenn man die Lage rückwärts liest,
wird sie mit einem Mal
ganz einfach nur egal.

Gerade aus

Im Modelleisenbahnshop
fragt nach Gleiskurven der Klaus.
Der Verkäufer sagt salopp:
„Kurven sind gerade aus."

Flotte

Der Seefahrer mahnt seine Truppe:
„Wir kommen nie zu Potte
mit einer langsamen Schaluppe!
Wir brauchen eine Flotte!"

Anlegen

Wir segeln entspannt
mit Geld in der Hand
der Sand-Bank entgegen,
um dort anzulegen.

Ungar

Die Sache ist so:
Nicht jeder Magyar
ist unbedingt roh,
doch immer Ungar.

Lappen

Meine Freunde aus Lappland,
und das was sie sich schnappen,
zum Putzvorgang mit der Hand,
bezeichnet man als Lappen.

Tierisch mobil

Ente, Käfer und Jaguar,
gibt es im Tierreich, soweit klar.
Aber, und das ist echt verquer,
genauso im Straßenverkehr.

Schienen

Was dieser Zug da mit sich führte,
geheimnisvolle Waren schienen.
Dabei er Gleis-Zeug transportierte:
Das auf dem Zug, das waren Schienen.

Wüste(n) Kreaturen

Nicht allein im Ödland nur,
auch in fruchtbarster Natur
finden sich ständig Spuren
von wüsten Kreaturen.

Wilde(r) Westen

Ärmellose, ungestüme
Jacken für Cowboykostüme
erwerben sie am besten
in Richtung wilder Westen.

Essen

Ich folg meinem Appetit
und mache mich still
auf in Richtung Ruhrgebiet.
Essen ist mein Ziel!

Hamburger

Der Kannibale plant,
nach Norddeutschland zu reisen,
um dort dann ganz entspannt
Hamburger zu verspeisen.

Reis

Zum Reisefreund hab ich gesprochen,
was er als Hobby weiß,
und sag dann: „Ich mag Nudeln kochen."
Da meint er nur: „Ich reis'."

Tierisch

Made in Germany

Gedichte schrieb viele der Erhardt Heinz,
er widmete sogar 'ner Larve eins.
Als hiesige war die
Made in Germany.

Referat

Bei meinem Vortrag über Wild,
da widme ich mich jeder Art.
Aus diesem Grunde dann auch gilt,
dass ich was übers Reh verrat.

Irrelevant

Da, dies' Geschöpf mit Ohren groß
hängt seinen Rüssel bis zum Rand
in etwas, das bedeutungslos.
Ist das denn nicht Ihr Elefant?

Summen

Die Bienen wollen wieder glänzen,
die Honigproduktion soll brummen.
Sie räumen auf mit Differenzen
und fahren fröhlich fort mit Summen.

Schimmel

Das ganze Futter ist verdorben
von all dem Pilzsporengewimmel.
Mein weißes Pferd wär fast gestorben.
Worum's hier geht? Na, um den Schimmel!

Talente

Hat die Ente am Grund des Tals
rare und exzellente
Begabungen, kennt man die als
besondere Tal-Ente.

Kater

Beim Feiern gestern hat er
die ganze Nacht zum Tag gemacht.
Drum ist er mit nem Kater
statt mit ner Mieze aufgewacht.

Raupe & Schmetterling

Am Platz, der der Raupe ist
im Herzen zugeschrieben,
sich die Fähigkeit bemisst,
den Schmetterling zu lieben.

Zebra-Streifen

Auf der Safari wagt ein Mann,
ein schwarz-weißes Pferd zu ergreifen.
Doch weil er's nur touchieren kann,
endet sein Plan beim Zebra-Streifen.

Schwarm

Des Imkers Liebchen trennte sich
und alle Bienen es ihm nahm.
Doch er kam drüber weg letztlich
und fand bald einen neuen Schwarm.

Bärtiger

Da war ein Mann mit Bart,
der eine Kreuzung tat
zwischen Tiger und Bär.
Das war ein Bärtiger.

High-Hai-Hi

Am zugedröhnten Haifisch zieht
ein Taucher vorbei.
Und als er dann den Froschmann sieht,
sagt der Hai high: „Hi!"

Schlange

Kaum kommt das süße Häschen im
Tiershop zur freien Kasse ran,
erscheint die Schlange hinter ihm.
Und dann ist es auch sofort dran.

Haizung'

Forschende zeigten zweifelsfrei:
In so manchem Raubfisch-Rachen
ist 'ne Hai-Zung' hilfreich dabei,
and're Wesen kalt zu machen.

Kann-Arien-Vogel

Kann ein Tier mit Gefieder
höchst komplizierte Lieder
und Arien singen, scheint's ein
Kann-Arien-Vogel zu sein.

Wurm & Wind

Braust um uns rum ein Sturm,
schlängelt das Würmerkind.
So windet sich der Wurm.
Mich aber wurmt der Wind.

Rindvieh

„Hornochs'!" schimpft sie, „Du Kuh!" mault er.
Der Nachbar ruft: „Die Bullen her!"
Wir nennen uns wie Wiederkäuer,
doch geben uns wie Ungeheuer.

Von Orient-Tieren

Bei Kamelen im Orient,
die mit ihr'm Weg-Findungstalent
dort stets sicher navigieren,
spricht man von Orient-Tieren.

Kamel-Äon

Die Zeit von Lama, Dromedar
und Trampeltier strotzt nur so von
Vielfalt und ist so wandelbar.
Drum nennt man sie Kamel-Äon.

Krebs

Ratsam ist's, zu inspizieren,
wie wahrscheinlich man
am Buffet mit Meerestieren
Krebs bekommen kann.

Walkampf

Wenn überall Plakate hängen
mit Blauwal-Zwist, Beluga-Fight
oder Orca-Gewalt-Gemengen,
dann ist wohl wieder Walkampfzeit.

Vogelkundler

Mehr als man denkt, sie schon erwogen:
Die Laufbahn des Ornithologen.
Denn in diesem Arbeitsfeld
verdient man mit Vögeln Geld.

Dog-Jog-Blog

Wir bloggen
vom Joggen
mit Doggen
im Roggen.

Kater-Strophe

Die Maus erschrickt beim Tier-Gedicht:
„Der Teil hier, dieser doofe,
welcher von Mister Katze spricht,
ist eine Kater-Strophe!"

Kuh-Rage

Blickst Du 'ner Kuh, die voll von Wut,
direkt in die Visage,
dann ziehe ich vor Dir den Hut.
Denn darin liegt Kuh-Rage.

Barsch

Er gab sich als toller Hecht,
nett, charmant und gar nicht harsch.
Allerdings war er in echt
was ganz and'res, nämlich: Barsch.

Nie gehört

Das Tier ist nie Besitz gewesen,
auch wenn man's hat dazu erklärt.
Zudem ist es ein taubes Wesen.
Ganz recht, es hat uns nie gehört.

Prophylaxe

Wenn Lachse vorsorglich weit vom Faden
von der todbringenden Angel baden,
auf dass kein Unheil draus erwachse,
handelt es sich um Profi-Lachse.

Platz

Als ich dem Hund gesagt hab: „Fass!",
hat er ein Fässchen apportiert.
Doch beim Kommando „Platz!", voll krass,
da ist er einfach explodiert.

Abflug

Der Falter macht den Hof der scharfen
Puppe zwecks Heiraten und Larven.
Da kommt sie raus aus ihr'm Kokon,
doch weist ihn ab und fliegt davon.

Mathematik & Naturwissenschaft!

Null

Wer glaubt, dass die Null nix drauf hat,
dem eines gesagt sei:
Ihr Doppeltes gleicht ihr'm Quadrat.
Das schafft sonst nur die Zwei.

Eins

Ewiglich, sogar potenziert
ist sie beständig wie sonst keins,
natürlich und selbst radiziert
stetig sie selbst: Die Nummer Eins.

Dreier

Im Basketball sehr einträglich,
beim Fußball Grund zur Siegesfeier,
manche wünschen im Bett ihn sich;
schon faszinierend, so ein Dreier.

Dreieck

Der Eckpunkt war so einsam und suchte sich 'nen zweiten,
um sich mit ihm gemeinsam als Strecke auszubreiten.
Doch ewig auf der Strecke bleiben lag den beiden fern.
Da ließen mit noch einem sie sich zum Dreieck vermehr'n.

Pi raten

„Drei Komma Eins Vier Zwei!" rief sie,
worauf er „Wurzel Zehn!" rausschrie.
Ich fragte mich, was sie da taten.
Dann wurd's mir klar: Die spiel'n Pi raten!

4D

Der Urknall mit der *Zeit* gebar
Länge, *Breite* und *Höh'*.
Und et voilà, schon war sie da,
die Raumzeit in 4D.

Sieben

Jeder, sogar der sechste,
das Filtern per Sieb liebte.
Genauso tat's der nächste,
also auch der siebte.

Acht geben

Wenn jemand sechs Stück ordert,
aber über Nacht
dann mehr als Sieben fordert,
so gebe man Acht!

Teiler

Im Dividieren ist er King,
was kaum verwundert, weil er
ist Mathematikersprössling
und trägt den Namen Tyler.

Doppelbrüche

In Bruch-Kalkulation erfahren
hat der Arzt trotzdem nicht ermittelt,
dass der Bein-Knochen war gedrittelt,
weil Doppelbrüche fremd ihm waren.

Wurzelbehandlung

Der Zahnarzt ist in Mathe nur
beim Radizieren wirklich top.
Man merkt, ihm liegt die Prozedur.
Wurzelbehandlung ist sein Job.

Von Binomen

Das Mathe-Ass zum Germanist:
„Gibt's ein Nomen, das homo ist?
Und kann's hetero vorkommen?
Denn ich weiß nur von Binomen."

Zu flach

Die Fläche zum Volumen spricht:
„Warum willst Du mich denn nicht?"
Als Antwort kommt nur: „Sieh's mir nach,
Du bist mir einfach zu flach!"

All-wissend

Er ist ein Weltraum-Connaisseur,
sonst weiß er allerdings nur Mist.
Doch fühlt er sich nicht trist, weil er
ja zumindest All-wissend ist.

All-Bumm

Das große „Bumm" namens Urknall
brachte das bildgewalt'ge All
als bunten Welten-Sammelband.
Drum wird's auch gern „All-Bumm" genannt.

Wurmloch

Der Astronom untersucht
voll Eifer die Apfelfrucht
und frohlockt, erblickt er doch
darin ein echtes Wurmloch.

Zellteilung

Das Knastzimmer wurde halbiert,
statt ein Mann zwei drin einquartiert,
und adäquat dann observiert,
was nach der Zellteilung passiert.

Kernenergie

Samenkörner verspeisen sie
und ebenso Nussinnerei'n.
Denn sie schwör'n auf Kernenergie,
doch sagen zu Atomkraft Nein.

In der Sonne

In der Sonne geht's stets heiß her,
weil nonstop dort seit Milliarden Jahren
sich Wasserstoffatome per
Fusion lustvoll zu Helium paaren.

Hinterm Mond

Wer sich selbst für die Sonne hält,
den Star, um den die ganze Welt
sich anstandslos zu dreh'n hat, wohnt
ganz offensichtlich hinterm Mond.

Mega-Watt

Am Wattenmeer, das ebbt und steigt,
sieht man, was die Natur drauf hat,
weil sie da wirklich großes zeigt.
Die Leistung ist ein Mega-Watt!

Radioaktiv?

Schalt ich das Hörfunkgerät ab,
und doch strahlt es intensiv,
hält eine Frage mich auf Trab:
Ist das Radio aktiv?

Quarks

Die Teilchenphysiker guckten
ins Regal mit Milchprodukten,
wo sie Atomkerne checkten
und tatsächlich Quarks entdeckten.

Vakuum

Der Lehrer bat den Schüler um
Antwort auf: „Was ist Vakuum?"
Da stammelte der arme Tropf:
„Augenblick, ich… ich hab's im Kopf!"

Funken

Die Wellenlänge ist der Punkt,
dass hin und her und her und hin
stets er an sie und sie an ihn
und es dann zwischen beiden funkt.

Promo-Viren

Manch Hochschüler ist nicht bereit,
Werbe-Erreger zu studieren,
schon gar nicht zwecks Doktorarbeit.
Denn er hält nichts von Promo-Viren.

Bio-Chemie

Als sie zu zweit lernen Chemie,
stimmt selbige so sehr, dass sie
gleich übergeh'n zur Theorie
und Praxis der Biologie.

Auf-fallend

Wer die Gravitation düpiert,
dass sein Fallrichtungsverlauf
empor anstatt nach unten führt,
der fällt definitiv auf.

Gefunkel

Wenn Du Gefunkel siehst,
gibt's Licht.
Doch wenn es dunkel ist,
dann nicht.

Rundes Quadrad

Ein Reifen an 'nem Quad
hat eine Eigenart.
Und zwar ist er ein Part
von 'nem runden Quadrad.

Tang-Enten-Steigung

Wenn Enten am Schluss vom Tauchgang,
ob aus Versehen, ob aus Neigung,
emporkommen bedeckt mit Tang,
dann spricht man von Tang-Enten-Steigung.

Runde Sache

Der Mensch hat lange fabuliert,
die Erde wär 'ne flache.
Doch irgendwann hat er kapiert,
sie ist 'ne runde Sache.

Mal-Aufgabe

Der Kunst-Mathematiker drillt,
mit sehr strengem Gehabe,
zur Multiplikation per Bild.
Er gibt 'ne Mal-Aufgabe.

Stellen

Ach, würd sich doch die Kreiszahl Pi
zum Arbeitsamt gesellen.
Das wär mal was, schließlich hat sie
unendlich viele Stellen.

Fourman

II

ACH, MENSCH!

(Un)Menschliches Miteinander

Großigkeiten

Geht's um Alltags-Uneinigkeiten,
dann sollte man sich bloß nicht streiten.
Sonst werden Mücken-Kleinigkeiten
elefantöse Großigkeiten.

Mariechen

Das liebliche Pflänzchen Marie
und ihren Duft begehrt er still,
träumt davon, zu beschnuppern sie:
Ma' riechen ist das, was er will.

Hedonist

Ich leb nur noch für Genuss!
Strapazen gibt's bei mir nicht mehr.
Darum lautet mein Beschluss:
Stressen nur ohne „S-t-r"!

Stolz

Stolz sich wie Muskelkraft verhält.
Wenn man's übertreibt,
dann kommt zu viel Druck auf, der quält,
und Katerstimmung bleibt.

Guter Hoffnung

Die Nonne sagt über den Abt
und zur Frage, wie es bei
dem Thema Zölibat so klappt,
dass sie guter Hoffnung sei.

Traurig

Zu Lebzeiten ist er halt da.
Und sie seh'n ihn nur, wenn sie müssen.
Doch stirbt er, machen sie Trara,
wie schrecklich sie ihn doch vermissen.

Nervös

Kommt die reizende Wencke
zum Kellner in die Schänke,
zittern seine Gelenke
und er vergießt Getränke.

Unausgefüllt

Weil fehlt der Stift, bleibt leider leer
das Kreuzwort-Quiz, sodass sich der
Rater wie das Rätsel fühlt:
irgendwie unausgefüllt.

Triebe

Die Grundlage guter Manieren
ist in gewisser Weise schon
wie Pflanzensetzlingsinspektion.
Es geht ums Triebe kontrollieren.

Die stehen drauf

Die, die fürs Performen brennen,
kann man ziemlich leicht erkennen.
Wenn sie auf die Bühne gehen,
zeigt sich, ob sie echt drauf stehen.

Die gehen drauf

Manche wollen unbedingt
kämpfen, bis es sie umbringt,
machen sich zum Schlachtfeld auf
und gehen mit Freude drauf.

Laufen lassen

Der Jäger wird, so sein Entschluss,
dem Wildtier keinen Schuss verpassen.
Weil er sich mal erleichtern muss.
Drum heißt es nun: Wild laufen lassen.

Bewegen

Jemand, der vermag,
wirklich was zu bewegen,
schaut Dir Tag für Tag
aus dem Spiegel entgegen.

Lieben

Wollen Lieben Sie,
tut es genügen,
dem Leben ein i
hinzuzufügen

Wenn Lieben willst Du
tut es genügen
dem Leben hinzu
ein i zu fügen.

(Un)Gesundes Selbstbild

Gesundes Selbstbild? Kein Problem!
Wenn ein Top-Selfie ich aufnehm,
und jag's durch zwei, drei Filter bloß,
dann ist es sogar makellos.

Partei

In einer Politik-„Partei"
sind, wie bereits das Wort verheißt
– Teil Eins heißt „Part", zweiter Teil „Ei" –
der Großpart Eierköpfe meist.

Schlips

Um Krawatte wird gebeten.
Das hält er nicht für angebracht,
fühlt sich auf den Schlips getreten,
weswegen er die Fliege macht.

Zieren

Die, die sich dekorieren
und die, die sich genieren,
kann man klar titulieren
als solche, die sich zieren.

Abheben

Bei allen Superhelden ich
rief an aus Angst ums Leben.
Nur Superman erbarmte sich
tatsächlich abzuheben.

Auflegen

Beim DJ ruf ich an
und muss mich aufregen.
Kaum dass ich sprechen kann,
wagt er's, aufzulegen.

Sein

Das, was alles Leben eint,
Euer, Unser, Ihr, Dein, Mein,
wessen man auch immer meint:
Jede Existenz ist Sein.

Zeugen

Was eint den, der Kinder will
und den Verhörspezialist?
Jeder der zwei für sein Ziel
mit Zeugen beschäftigt ist.

Storch?

Als nicht zu übersehen war,
dass sein Spross Ähnlichkeit entfacht
mit dem Postboten, war ihm klar:
Das Kind hat nicht der Storch gebracht!

Reingelegt

Obwohl ein Baby nichts versteht,
man's auf den Arm zu nehmen pflegt.
Dann muss es viel zu früh ins Bett
und wird dort auch noch reingelegt.

Vermisst

Sich beim Maß nehmen verzählen,
im Grunde so ist,
als würd man sich selber fehlen,
weil man sich vermisst.

Vetter

„Lass mich kurz Deinem Bruder danken,
der ist echt ein netter!"
„Wen meinst Du?" – „Dort, den gertenschlanken!"
„Das ist doch ein Vetter!"

Rasen

Der Gärtner möcht 'ne grüne Wies'.
Der Rennfahrer will gasen.
So unterschiedlich das auch is',
Ihr beider Ziel ist: Rasen.

Grüner

Wer dick ist, will gern schmaler sein,
wer schmal ist, gar noch dünner.
Und grünt der Rasen noch so fein,
vom Nachbar der ist grüner.

Mähen

Die Frau kaum ihren Ohren traute.
Im Garten klangen Schafeslaute.
Doch bald schon sie den Grund erspähte.
Ihr Mann im Garten war's, der mähte.

Pfund

Die Britin ist so arm und dürr.
Das ist wahrlich nicht gesund.
Besorgt sagt der Papa zu ihr:
„Du brauchst dringend ein paar Pfund!"

Alt

Wer Bier gern obergärig trinkt,
und Frau'n von betagter Gestalt
mag, deren Singstimme tief klingt,
der steht definitiv auf Alt.

Baby-Sitten

Jede Säuglingsgepflogenheit,
inklusive aller Riten,
kenne ich, denn ich weiß Bescheid
rund ums Thema Baby-Sitten.

Schnürs Enkel

Die Kindeskinder binden für
ihren Großvater, den Herrn Schnür
gern hilfsbereit die Schuhe zu.
Jawohl, Schnürs Enkel schließen Schuh'.

Tanten

Weil die Elternschwestern, die Brot nur aßen
und sich Brot-ess-Tanten nannten,
ständig damit in der Eis-Diele saßen,
galten sie als Diele-Tanten.

Mit Nichten?

Wir soll'n das Sippentreffen
planen und auch ausrichten
gemeinsam mit den Neffen?
Das machen wir mitnichten.

Kindsvater

Neun Monate, nachdem in Mainz
zur Seit er sprang als Faschingsprinz,
kommt sie zur Tür: „Hi, Frau vom Heinz,
Dein Mann ist Vater meines Kinds!"

Vater werden (Kindsvater II)

Erst fällt die Lade seines Kinns,
dann steigt das Kreidebleichweiß ins
Gesicht vom Frau'nheld, weil ihm klar
geworden ist, er wird Papa.

Auf den Kopf

Eins kann ich Dir auf den Kopf zusagen:
Sei auf der *Hut* vor der Meinung, es nütze,
unter der *Haube* Affär'n zu wagen.
Kappe sie, sonst gibt's am Schluss auf die *Mütze*.

Gewogen

Ich bin zwar fort, weil rief die Pflicht.
Doch glaubt mir, ungelogen,
auch wenn Ihr könnt mich wiegen nicht,
bleib ich Euch doch gewogen.

Auf der Kippe

Auf seinem Glimmstängel notiert
er den Nachlass für die Sippe.
Drum steht, was mit dem Erbe wird,
nun buchstäblich auf der Kippe.

Gut geschlagen

Er hat sich gerne ungezügelt
und manches Mal auch schlecht betragen,
doch nie gekloppt oder geprügelt,
und trotzdem immer gut geschlagen.

…Panisch

Spanisch war sie, bis es geschah:
Ihr S floh, sie wurd panisch.
Dann aber bekam sie ein „Ja".
Seitdem ist sie Japanisch.

Rügen

Wenn man ihn tadelt streng und hart,
erlebt der Masochist Vergnügen.
Und bei seiner Ostseekreuzfahrt
freut er sich ungemein auf Rügen.

Nichts an

Ich war mal zu Besuch im Haus
von nem Nudisten-Clan.
Dort war'n alle Geräte aus.
Die hatten echt nichts an.

Würde?

Es sind dem aufmüpfigen Kind
Eltern-Appelle eine Bürde.
Ihr „hätte, könnte, sollte" sind
ihm so egal wie deren Würde.

Schar-Lach-Therapie

Die Lösung, den Fall abzusichern,
dass aus 'nem klitzekleinen Kichern
eine lachende Schar wird, die
heißt ganz klar: Schar-Lach-Therapie.

Zweisamkeit... mehr oder weniger

Dilemma

Des Draufgängers Frau klagte bang,
weil ihn bändigen nicht gelang.
Doch eines Tags sie's hinbekam.
Seitdem schimpft sie, er sei zu zahm.

Proben

Er führt sein Herzblatt aus gehoben
und fragt sie, ob sie sich verloben.
Sie sagt: „Oh ja, komm mit nach oben,
um für die Hochzeitsnacht zu proben!"

Auseinander

Je näher die beiden sich stehen,
desto mehr lassen sie sich gehen,
und gehen miteinander,
gemütlich auseinander.

Poollover

Immer, wenn ihr Mann sie eiskalt
halbnackt alleine am
Schwimmbecken lässt, hält sie sich halt
mit ihr'm Poollover warm.

Flamme

Vom Gigolo ist Dank Kamin
die Zahl an Liebschaften 'ne stramme.
Beinah täglich entfacht er ihn
und freut sich auf 'ne neue Flamme.

Kissen

Sie haucht: „Have you Lust auf Kissen?",
spitzt die Lippen bei der Frage.
Er nickt und schnappt sich beflissen
eine Köpfchenunterlage.

Flusen

Die unzähligen Flusen
auf jeder ihrer Blusen
kommen vom vielen Schmusen
an ihr'm üppigen Busen.

Noch 'ne Runde

Fünf Rubensfrau'n in Folge hat
er soeben beglückt, und doch
erklärt er, wenn auch sichtlich platt:
„Eine Runde schaffe ich noch!"

Ringe

Ich frag, wie ich die Ringerin
mit Erfolg zum „Ja"-Wort bringe.
Dann kommt die Antwort: „Knie Dich hin
und zeig ihr, was sie will: Ringe!"

Mehr Verkehr

Er fiel gern über seine Frau
viel öfter her
und träumt sogar im größten Stau
von mehr Verkehr.

Spannen

Geschickt versteckt sitzt Amor da,
legt Liebespfeil und Bogen an,
mit Blick aufs zukünftige Paar,
damit entspannt er spannen kann.

Mädel

Ihm geht das so edel
anmutende Mädel
aus dem Städtchen Wedel
nicht mehr aus dem Schädel.

Dirn'

Er bekommt die Dirn'
mit dem klugen Hirn
im lieblichen Zwirn
nicht mehr aus der Birn'.

Earl

Verliebtes Girl
jammert in Verl,
denn ihr Schwarm Earl
liebt einen Kerl.

Ritt

Pit
ritt
mit
Britt.

Falten

Statt tanzen mit 'ner jungen Puppe
geht er mit der Alten
in seine Origami-Gruppe.
Denn er steht auf: Falten.

Verzückt

Sie ist von ihm so sehr verzückt,
dass sie sich gar verliebt in ihn,
weil er die Blumen ihr nicht pflückt,
sondern verschont und lässt sie blüh'n.

Singles

Dates mit Singles sind tabu.
Da macht sie wahrlich keine halben
Sachen, das lässt sie nicht zu.
Sie hört bei Rendezvous nur Alben.

Sauna

Er kommt samt Schwein ins Dampfbad rein
und sagt zu seiner Frau: „Na!?"
Sie schreit: „Oh Nein! Weg mit dem Schwein!
Komm mir nicht mit der Sau nah!"

Verlegen

Beim Stelldichein fragt der Mann die
Editorin verwegen:
„Was ist ihr Job? Wie fühl'n sich Sie?"
Sie sagt nervös: „Verlegen"

Unter der Haube

Wenn ich als Single-Mann
am Automotor schraube,
bin ich in dem Fall dann
trotzdem unter Haube.

Hausmann

Nachdem des Machos Frau ihm sacht,
sie müsst' eisern darauf pochen,
dass er Abwasch und Essen macht,
schäumt er und fängt an zu kochen.

Gr-Ingo

Griesgrämig grimmig grummelnd vor
ihr stand der fremde Gringo.
Sie zähmte ihn und er verlor
sein „Gr". Jetzt heißt er Ingo.

Im Auge

Die Reh-Pflegerin Tina, die seit ner Weile hier is',
gefällt ihrem Kollegen, trotz seiner Freundin Iris.
Und er glaubt, dass er beiden gut als Liebhaber tauge.
So hat er nebst der Iris die Reh-Tina im Auge.

Tiefzeit

Der Heiratsjubilar sinniert:
„Wisst Ihr, warum es Hochzeit heißt?
Weil alles, was danach passiert,
sich vollends als Tiefzeit erweist.

Ich lass es zu!

„Erlaubst Du's, dass das Verlangen darf walten
oder wirst Dein Kleid geschlossen Du halten?"
fragt er sie nach dem Rendezvous.
Sie lächelt kess: „Ich lass es zu!"

Liebesspiel

Glück im Spiel heißt beim Lieben Pech,
und umgekehrt, so ist der Deal,
weshalb ich mir den Kopf zerbrech:
Was gilt dann für das Liebesspiel?

Leibesleid

Verdrehe bloß im Liebeslied
nicht das i-e, denn das verzeiht
man schwer, weil's sich dadurch verzieht
und wird zum Ei im Leibesleid.

Feste-Freundin

Bei jeder Feier, schwöre ich,
gehöre ich nur ihr allein.
Sonst aber nicht, sie wird für mich
nur meine Feste-Freundin sein.

Versprochen

Als er um ihre Hand bat,
fing ihr Herz an zu pochen,
und voller Aufregung hat
sie sich dann glatt versprochen.

Nackte Haut

Der Bräutigam zieht seine Braut
aus und schreit vor Freude laut.
Sie missversteht's, denkt dass ihm graut.
So kommt's, dass ihn die Nackte haut.

Besen

Was hab ich nur für 'n Besen?
Einst flotter Feger, der gefiel
und so putzig gewesen,
heut kratzbürstig und ohne Stil.

Bekannt

Den Fremdgeh-Vorwurf weise ich
entschieden von der Hand.
Denn Frau und Liebschaft kennen sich.
Ich geh also bekannt!

Nicht für eine Nacht

„Ich bin keine für eine Nacht!"
sagt sie, worauf er spricht:
„Auch ich bin dafür nicht gemacht.
So lange brauch ich nicht!"

_den

Von jedem Paar-Urlaub, den sie
zubringen in all den Landen,
freu'n sich am allermeisten die
*bei*den *auf* den *in* den *An*den.

Persönlichkeit(en)

Philanthropen?

So manche Lebewesen sind
an jedem Tier- und Pflanzenkind
und auch an kalten Biotopen
stark int'ressiert, und viel an Tropen.

Schur-Ken

Der Ken vollzieht die Schaf-Schur,
ist stets nett und mag Gurken.
Doch weil er schert die Schaf' nur,
kennt man ihn als Schur-Ken.

Schwert

Kaum, dass das Schwert sein t verstößt,
wird es plötzlich Schwer.
Doch als es auch vom Sch sich löst,
ist es endlich wer.

Wander Woman

Sie bewandert alle Pfade,
lang, kurz, schmal, breit, schnurgerade
und sogar die richtig krummen.
Drum nennt man sie Wander Woman.

Kolumbus

Statt einen Seeweg nach Indien zu zeigen,
ist er in Amerika vom Boot gesprungen.
Und obwohl er's schaffte, den Job zu vergeigen,
wird heut noch Kolumbus als Seeheld besungen.

Wilhelm Busch

Nicht nur an seinem Werk über das Schelm-
Gespann Max und Moritz und ihr'n Pfusch
zeigt sich, es steckte Talent im Wilhelm.
Ja, da war gehörig was im Busch.

Drachenschrecks Lenz

Er kommt als Held der schönen Maiden.
Für sie lyncht er gar manch Viereck.
Lindwürmer mahnt er, ihn zu meiden.
Gestatten, Ritter Drachenschreck.

Drachenschrecks Sommer(nachtsalbtraum)

Des Sommernachts 'ne Hex mit Boot
ihn in den Ehehafen drängt,
bis Ritter Drachenschreck in Not
den Drachen samt Drachen versenkt.

Drachenschrecks Herbst

Auch im Herbst, als naive Gören
sie steigen lassen, ist er da,
die Ungetüme zu zerstören.
Und Drachenschreck bannt die Gefahr.

Drachenschrecks Ende

Erst als zur Drachenhöhl' er tritt
und spricht: „Wag Dich heraus und fauch!",
ist dies Drachenschrecks letzter Schritt.
Denn danach geht er auf in Rauch.

Rapunzel

Der Prinz wollte Rapunzels H,
doch in ihr'm Namen keines war.
Deswegen ließ die Rapunzel
als Zopf hinab ihr kleines L.

Bremer Stadtmusikant

Er spielt Packesel für die Damen,
wodurch der arme Hund stets mehr
zum Stubenkater wird, zum zahmen,
der denkt, dass Hahn im Korb er wär.

Ernie & Bert

Um einen guten Rat den Bert
ersuchte gern der Ernie.
Doch Bert tat's niemals umgekehrt.
Den Ernie fragte er nie.

SistEr

Der Bruder war vor der OP
ein unglücklicher Mister.
Danach aber rief er: „Olé!"
als quietschfidele Sister.

Bi-Zar

Die Zaren-Dynastie gebar
ein ganz besond'res Exemplar,
das scharf auf Frau'n und Männer war.
Das nannten alle nur Bi-Zar.

Mai-Ästhet

Im Mai, da ist sein Schönheitssinn
von königlicher Qualität.
Deswegen nennen alle ihn
voller Ehrfurcht Mai-Ästhet.

Männer

Jeder Mann, egal wie alt,
bleibt im Grunde immer Kind.
Nur, dass bei den großen halt
die Spielzeuge teurer sind.

Flankenstein

Welches Zuspiel bringt Angst & Stress
allen Abwehrreih'n?
Die Monster-Hereingabe des
Doktor Flankenstein.

Archetyp

Noah war der Pionier
im Archenbaubetrieb.
Auf Grund dessen kennen wir
ihn heut als Archetyp.

Körper & Gesundheit

Not-Arzt

Wenn bei 'nem Not-Arzt man ganz schlicht
jegliche Kompetenz vermisst,
meint „Not" vielleicht Englisch für „Nicht",
und der Not-Arzt ein Nicht-Arzt ist.

Zeichen und wunder

Der Zustand des Tattoos ist krass
und kein gesunder.
Stets röter wird die Haut um das
Zeichen… und wunder.

Es war ein Mal

Es war ein Mal,
das auf Mutters Haut sich fand.
Und trivial
wurd' es Muttermal genannt.

Ellen

Wen ich auch drücke, echt kein Scherz,
wie er, sie, es auch heißt mit Namen,
und selbst, wenn ich niemanden herz,
hab ich stets Ellen in den Armen.

Hand

Höchst packend, griffig und versiert,
auffallend pfiffig konstruiert;
nichts hält dem Vergleich zu ihm Stand,
dem Wunderwerk mit Namen Hand.

Nabel

Ob Eva denn
und Adam auch
wie wir hatten
Nabel am Bauch?

Mark

Da gibt es einen Typen, der
interessiert sich stark
für das Knocheninterieur.
Die Rede ist vom Mark.

Rausch

Um sich zu berauschen,
muss man nur eine Muschel vor
diejenige in seinem Ohr
halten und dran lauschen.

Ausschlaggebend

Extrem gereizt und rot ist die
Haut und juckt bebend.
Da wird mir klar, die Allergie
ist ausschlaggebend.

Krank

Nachdem vom F sich trennt der Frank
ist er schlagartig völlig rank.
Doch fehlt ihm was, er fühlt sich blank,
hängt sich ans K, jetzt ist er krank.

Durchfallquote

Abführmittelkonsum
deutlich einzuschränken,
ist äußerst hilfreich zum
Durchfallquote Senken.

Verschieden

Lebende zu vergleichen
mit Leichen wird gemieden.
Weil Letztere abweichen.
Das heißt, sie sind verschieden.

Durchbruch

Der aufstrebende Künstler kommt
ins Krankenhaus mit Blinddarm-Leid.
Er staunt, als ihm der Arzt sagt prompt:
„Der Durchbruch, der ist nicht mehr weit!"

Flasche

Fühl ich mich nur mit Suff noch wohl,
mich gar damit wasche.
Dann bin ich selbst wie Alkohol:
Was für eine Flasche!

Beißend

Seit dem Vampir schwand sein Gebiss
- Er putzte es nicht gut genuch -
ist alles, was noch beißend is'
an ihm, allein sein Mundgeruch.

Business

Ich habe keinen Model-Leib.
Das wär auch nicht mein Business,
weil nicht so häufig Sport ich treib
und gerne große Bissen ess.

Stuhlproben

Der Klostuhl wird erst ausprobiert!
Denn nur, wenn es auch funktioniert,
lässt sich das Sitzmodul loben.
Deswegen braucht man Stuhlproben.

Riechen

Obwohl's nach nem Widerspruch klingt,
wenn die Nasenfunktion besticht,
kann's sein, dass man zum Himmel stinkt
und gleichzeitig fantastisch riecht.

C-Bra

Der schwarz-weiß-Streifen-BH
war nicht Körbchengröße A.
Auch ein B das Teil nicht war.
Das war ganz klar ein C-Bra.

Vom Scheitel bis zur Sohle

Vom Scheitel bis zur Sohl
wär ich so gern Dein Schatz.
Doch fürcht ich, das wird wohl
nix, denn ich hab 'ne Glatz.

Glatze

Wie pflegeleicht ist doch 'ne Glatze!?
Und vielfältigen Nutzen hat 'se:
Man braucht nicht Shampoo noch Friseur
und hat auch keine Schuppen mehr.

Tolle?

Dank der Pomadenkur
war seine Schmalzfrisur
eine wundervolle,
aber keine Tolle.

Locken

Dauerwellenrabatt
man nur erfunden
zu einem Zwecke hat:
Locken von Kunden.

Wachsen

Lässt man sprießen das Körperhaar,
oder ihm Wachs verpassen?
Die Antwort darauf ist doch klar:
Ganz einfach wachsen lassen!

Nägel mit Köpfen

Häupter auf Fingernägel malt
die Manikeurin, weil sie dacht',
dass es sich ganz gewiss auszahlt,
wenn sie Nägel mit Köpfen macht.

Karten-Spiel ♣ ♠ ♦ ♥

III

WAS TUN?

Ausbildung & Beruf

Abteilungsleiter

Die Karrierelady will
ganz nach oben immer weiter
und besteigt für dieses Ziel
eifrig die Abteilungsleiter.

Montage

Am Tag nach Sonntag muss er zum
Montier'n, was ihm nicht passt.
Im Ernst, das findet er voll dumm,
weil er Montage hasst.

Becken

Dem Bademeister, Musikant
und Frauenarzt ist (eines) gleich:
Alle drei verrichten ihr Hand-
werk (häufig) im Beckenbereich.

Abschneiden

Was ich stets mich bei Friseur-
Lehrlingen gefragt hab:
Wie nur schneiden sie in der
Theorieprüfung ab?

Geheim-Agent

Der Spionage-Boss gezielt
Home Office als Maxime nennt,
und seinem Top-Spitzel befiehlt:
„Na los, nach Haus! Geh heim, Agent!"

Akte(n)

Sieht man nun Dokumente ein,
oder Bilder von Nackedei'n,
bei der Sichtung von Akten
erblickt man nackte Fakten.

Uni-Form

Ein Freigeist war er immer schon
und trotzte jeder Norm,
ständig in Hochschulkondition,
doch nie in Uniform.

ErOber-Kellner

Seinen Posten als Garçon
hat erkellnert der Robert.
Doch das Herz der Restaurant-
Chefin hat er erobert.

Ober-Geschoss

Das Stockwerk, das am höchsten thront,
und in dem der Kellner-Tross
ganz exklusiv geschlossen wohnt,
kennt man als Ober-Geschoss

Faxen

Der Praktikant am Faxgerät,
der ist so unerwachsen.
Er albert rum von früh bis spät
und macht nur eines: Faxen.

Dämmerung

Die ganze Nacht hat er studiert,
Lernstoff ins Hirn gehämmert.
Am Morgen dann hat er's kapiert.
Da hat's endlich gedämmert.

Managen

Der Grund, dass man's managen nennt
und kaum als womanagen kennt,
ist der, dass Frauen altern hassen,
und lieber den Man agen lassen.

Weiche

Die These, nur wer hart ist, wär
fit in 'ner Führungsposition,
wird widerlegt vom Zugverkehr,
mit Weichen in Leitungsfunktion.

Dichten

Wenn der Handwerker Fugen schließt
und undichte Stellen richtet,
er gleich einem Poeten ist,
weil er, so wie dieser, dichtet.

Bringer

Wie seinerzeit schon Bismarck blickte,
sind Gesandte nicht gleich Geschickte.
Das wurd' ihm beim Zusteller klar,
der leider nicht der Bringer war.

Platten

Bei DJs und Automonteuren
sie zum täglichen Brot gehören.
Jedoch die Platten bei Friseuren
brotloses Nichtstun raufbeschwören.

Fliegen

Ist es nicht belanglos, ob
ich nun den Piloten-Job
oder die Kündigung krieg?
Denn so oder so: ich flieg.

Anschläge

Das Terrornetzwerk-Inserat
für 'ne Stenotypistenkraft
auf der Art Kandidat beharrt,
die auch genug Anschläge schafft.

Karma?

Die aus dem einst'gen Mobber-Team,
das piesackte den Bücher-Nerd,
sind heut kleinlaute Jobber im
Imperium, das ihm gehört.

Nähe!

Der Boss sieht, wie die Schneiderin
heimlich pausiert, drum schleicht er hin
und meint: „Wie schön, dass ich Dich sehe!"
Sie fragt: „Was willst Du?" Er sagt: „Nähe!"

Blau

Frönt der Farbenmacher dem Suff
und kriegt aufs Sehorgan eins druff,
dann macht er das, was ganz genau
wie er und auch sein Aug' ist: blau.

Urlaub

Kaum löst sich der Mensch vom Affen,
rafft er's, immer mehr zu raffen,
lernt Abholzung und Blätterraub.
Ade Urwald, hallo Urlaub!

Gründung

Der Fachmensch für grasfarbenen
Dünger plant ein Start-up damit
und meint, Erfolg zu haben, denn
Grün-Dung ist sein Spezialgebiet.

Aufs Dach

Wenn der Dachdecker wie bestellt
kommt und ich ihm klarmach,
dass er keinerlei Lohn erhält…
Steigt er mir dann aufs Dach?

Überdacht

Der Dachdecker denkt angestrengt,
ja pausenlos er überdenkt,
was er denn mit dem Haus nun macht.
Dann hat er's fertig überdacht.

Geliefert

Die meisten Rauschgift-Bringdienstknaben
halten die Zustellzeit stets ein.
Denn wenn sie nicht geliefert haben,
dann werden sie geliefert sein.

Trauen

Der Pfarrer kann schon nicht mehr zählen,
wie viele Menschen kamen, die
er bislang wagte, zu vermählen.
Sich selbst aber traute er nie.

Herde

Bucht man die Köche-Schar, dass sie
an den Kochstellen Speisen wärmt,
kann man mit etwas Glück seh'n, wie
die Herde an die Herde schwärmt.

Fonds

Der smarte Saucenkoch erhält
als Börsenmakler seine Chance
und macht dabei richtig viel Geld
mit seinem Wissen über Fonds.

ComPuter

Der Truthahn ist IT-Fachkraft.
Darin ist er ein guter.
Und wenn da was Probleme schafft,
ruft man ihm zu: „Komm, Puter!"

Essen & Trinken

Radler

Beim Nachtradrennen um halb vier,
da denkt bei sich der Herr Vampir:
„Damit ich ja nicht dehydrier,
gönne ich ein paar Radler mir."

Import / Export

Die Wanne ist mit Portwein voll
für mein Bad im Port.
Weil ich ihn von der Ex-Frau hol,
gilt er als Ex-Port.

Aspik

In jedem Restaurant, kein Scherz,
die ganze Karte ich verdrück,
plus Kartenspiel mit Kreuz- und Herz-
und Caro-As und auch As-Pik.

Kulinarisch

Jede Speise vom Kugelschreiber
– er kocht stets vegetarisch –
ist Ekstase für Kerls und Weiber.
Die macht der Kuli narrisch.

Waffelschein

Der Polizist zum Waffelbäcker:
„Die Waffel ist verboten lecker!
Sagen sie mal, wie kann das sein!?
Zeigen Sie mal Ihr'n Waffelschein!"

Backen

Kuchen selbst machen reizt enorm
und ist billig!
Ich mach einen in Hintern-Form:
Backen will ich!

Plätzchen

An einem wundervollen Ort
erwartet mich mein Schätzchen
und gibt feines Gebäck mir dort.
Was für ein schönes Plätzchen.

Zartbitter

Beim Entzug von Schokolade,
besonders von zartbitter,
kommt's vor, dass ich von der Wade
bis hinauf zum Bart zitter.

Kauboy

Weil ein Indianer-Junge nur
Kaugummi kaut rund um die Uhr,
ist überall im ganzen Land
er schlichtweg als Kauboy bekannt.

Kürbisse

Es lohnt, dass auch zu Halloween
man Arbeit vor Pläsier wisse.
Denn kriegt man die Pflichtbisse hin,
gelingen auch die Kürbisse.

Penne

Von Gnocchi zu Spaghetti schleicht
der Nudelkoch müd vom Gerenne.
Da ruft sein Chef ihm zu: „Das reicht!
Dein neuer Auftrag lautet: Penne!"

Im Fluss

Als der Koch war voll im Fluss,
zu trotzen der laschen Kost,
tat sich auf ihm der Genuss
als Rezept per Flaschenpost.

Gar nichts!

Beim Zubereiten und Gestalten
eines Rohkostgerichts
musst Du Dich nur an eines halten.
Und das ist schlicht: Gar nichts!

Nicht die Bohne

Selbst feinste Schokolade juckt
mich ausschließlich als Endprodukt
nach Verarbeitung, doch ohne,
kümmert sie mich nicht(,) die Bohne.

Milch & Honig

Im Land, wo Milch & Honig fließen,
da kamen sie zwar an,
doch konnten es nie recht genießen.
Denn sie lebten vegan.

Auf der Zunge

Man fragt ihn, was er da verspeist.
Nur leider schafft der Junge
nicht auszusprechen, wie es heißt.
Doch liegt's ihm auf der Zunge.

Senf

Manches Geschöpf es einfach liebt,
seinen Senf dazu zu geben,
weil Wurscht ist, was es von sich gibt.
Und dazu gehört er eben.

Schöpfer

Weil ihm Suppe schöpft der Christ,
entschließt sich der Atheist:
Er will nicht etwa zanken,
sondern dem Schöpfer danken.

Riegel

Beim Wort Diät, da wird mir bange.
Sowas ist übertrieben.
Der Sach' werd ich per Schokostange
einen Riegel vorschieben.

Weizen & Korn

Der Weizen und das Korn zähl'n zum
Feld im Landwirts-Metier.
Doch tauscht man die Artikel um,
sind sie Gastwirts-Sujet.

Mandeln

Er nascht im Warteraum beim Doc
vom Nuss-Mix, als man ruft ihn aus.
Der Arzt erkennt nach kurzem Schock:
„Die Mandeln müssen leider raus."

Frischfleisch & junges Gemüse

Des Veganers Gattin moniert
zu Unrecht, dass sie zuseh'n müsse,
wie er im Markt aufs Frischfleisch stiert.
Denn er schielt aufs junge Gemüse.

Lager

Nach Schichtschluss im Depot vom Schwager
gönn ich mir ein Lagerbier.
So geht's: Kaum komm ich aus nem Lager,
schon landet eines in mir.

Kaufladen

„Einen Kaufladen möcht' ich ham'!"
sagte das Kind, jedoch bekam
es Dank dieser ungenauen
Wortwahl 'nen Fladen zum Kauen.

Belegen

„Das Brot da hab ich reserviert!"
vermeldet die Kundin verwegen,
worauf der Bäcker reagiert:
„Dann dürfen sie das gern belegen!"

Vom Faden-Beigeschmack

Gerät ein Stückchen Schnur in den
Teig für den Zwieback,
bekommt dieser vermutlich 'nen
Faden-Beigeschmack.

Frust-Ration

Führt wegen Dürftigkeit
die Versorgungs-Portion
zu Unzufriedenheit,
nennt man das Frust-Ration.

Stressed & Doof

Wenn das, was man mir zugesteht,
nur „stressed" & „doof" wär und das wär's,
würd' beides von mir umgedreht,
und schon hätt' ich „Food" & „Desserts".

Sport & Spiel

Los

Ist wieder mal die Neugier groß
und man befragt mich: „Was ist los?"
Dann ist stets meine Antwort die:
„Das Startfeld bei Monopoly!"

Schach

„Ich habe schwarz."
erklingt es leis'.
Vom Gegnerplatz
flüstert's: „Ich weiß."

Dame

Weil Schach geht nur zu zweit,
lässt es der Einsame.
Dann zieht er an ein Kleid
und spielt einfach Dame.

Dehn-Übung

Aufwärmtraining soll nicht stressen,
sondern auf den Körper eingeh'n.
Deshalb dehr ich nicht, noch dehssen.
Ich dehm auch nicht, sondern ich dehn.

Lauf

Ballsport doch im Grunde wie
Feuerwaffennutzung geht.
Ein Schuss gelingt nur, wenn die
Kugel in den Lauf gerät.

Joker	Joker (English)
Batman ist da und er sprengt	Batman crashes the big match
die Schurkenrunde Poker	of secret villain Poker
und sagt, als er den Clown fängt:	and says after the clown-catch:
„Das spielt man ohne Joker!"	"In this game there's no Joker!"

Knapp(en)

Ein Ritter ganz ohne Helfer bekäme
mit deutlichen Turniersiegen Probleme.
Besser dagegen klappen
dürfte es mit Knappen.

Pool

Billardstock und Schwimmoutfit
find ich cool.
Und ich mache mich damit
auf zum Pool.

Baden geh'n

Tauche immer mit reichlich
Oxygen.
Sonst wirst Du unausweichlich
baden geh'n.

Schwimmen

Erst denkt er, sie will ihn vergraulen.
Doch die Schwimmlehrerin hat Lust.
Sie zeigt ihm Rücken, lässt ihn kraulen
und präsentiert dann reichlich Brust.

Schläger

Der Golfer hört auf, obwohl er
gespielt hat schon sein halbes Leben.
Aber er will einfach nicht mehr
ständig mit Schlägern sich umgeben.

(Raus)Gekegelt

Mit höchstem Promillepegel
strich er konsequent beim Kegel-
Spiel nach dem Bruch jeder Regel
punkt- und beispiellos die Segel.

Baggern

Beim Volleyball im Sand am Bau
setz ich das Schaufelteil in Kraft
und flirt mit allem, Mann und Frau.
Baggern ist meine Leidenschaft.

Wagen!

Alle im Autorennfahrteam
sagen,
der Schlüssel zum Erfolg liegt im
Wagen!

Zum Ball

Der Fußballerin drückt die Zeit.
Darum schnappt sie sich Knall auf Fall
ihr'n Spieldress und ihr Abendkleid.
Denn sie muss heute noch zum Ball.

Anstoßen

Die Kneipenmannschaft sich gesellt
mit einem wirklich großen
Bierkasten Richtung Fußballfeld,
bereit, um anzustoßen.

Die Vögel beim Fußball

Nachdem beim Fußballspiel der Star
vom Platz geflogen war, da sah
man nur noch eine Tölpelschar,
die mit Schwalben beschäftigt war.

Teamgeist

Liegt eine Mannschaft weit zurück,
im Gras, bereit zum Biss hinein,
doch schafft gespenstisch dann den Sieg,
dann muss das wohl der Teamgeist sein.

Vergeben

Er foulte hart, und jetzt hofft er
voll Reu, dass der Gefoulte, der
selbst zum Elfmeterpunkt spaziert,
am Ende doch vergeben wird.

Tore

Einst sorgten bei 'nem Fußballspiel
nur Stolpernarren für Furore.
So kam's, dass zwar kein Treffer fiel,
dafür fielen andauernd Tore.

Ins Netz

Fußball ist von Haus aus schon
„World Wide Web"-unabhängig stets.
Denn die Kugel geht nicht on,
sondern über die Line ins Netz.

Ungehalten

Kann der Gegner den Torabschluss
mit Erfolg gestalten,
zeigt sich der Torwart wie der Schuss:
sichtlich ungehalten.

Köpfen

Der Profikiller fänd es scharf,
ein Fußballer zu sein.
Weil er legal dann schießen darf,
und Köpfen obendrein.

Terror-Rist

Des Top-Kickers Fußrücken kann
abfeuern wie kein and'rer Spann.
Und weil er so vernichtend schießt,
ist er bekannt als Terror-Rist.

Umgehauen

Bereits in der Sekunde, in
der sie ihn traf, war'n and're Frau'n
ihm egal, denn die Boxerin
hatte ihn direkt umgehau'n.

Kunst & Kultur

Mona Lisa

Da Vincis Mona Lisa G'sicht
schon sehr der Wirklichkeit entspricht.
Man wird aus ihr einfach nicht schlau.
Genau wie bei 'ner echten Frau.

Tanzen

Sie fragt ihn, ob er tanzen kann,
als er sie nervt im Music-Club.
„Na sicher, Baby!" sagt er dann.
Und sie meint: „Gut, dann tanz mal ab!"

Klappe

Welche Szene wird nun erstellt,
sagt die Filmschindel, die zuschnellt.
Wer dieses Ding bedient, kriegt Geld
dafür, dass er die Klappe hält.

Grauen

Im Gruselfilm schien's rund zu gehen,
sodass dem Publikum beim Schauen,
obwohl er nur schwarz-weiß zu sehen,
es doch zu bunt wurd mit dem Grauen.

Eine Serie Striemen

Sie fragt, nachdem sie ihn mit einem Riemen
wiederholt auspeitscht und er weint:
„Wolltest Du nicht eine Serie Striemen?"
Drauf er: „Ich hab streamen gemeint!"

Folgen

Ganz gleich, wie konsequenzenfrei
oder belanglos es auch sei;
ein Fernsehserienformat
ist was, das immer Folgen hat.

Diadem

Der Schmucksammler warf an die Wand
die Projektion vom Diadem,
bis ein Dieb zum Projektor rannt'
und entnahm dann das Dia dem.

Di(e)Verse

Wahre Poesie ist gerecht,
weil sie für Freiheit sich einsetzt,
und auch weil sie jedes Geschlecht,
Männer, Frau'n und Di(e)Verse schätzt.

Ton

Um in der Töpfer-Profession
zur Meisterschaft zu reifen,
gehört's einfach zum guten Ton,
im Ton sich zu vergreifen.

Motiv

Der Maler ohne Bildideen
per Suizid entschlief.
Sein Motiv, diesen Schritt zu gehen:
Er hatte kein Motiv.

Tasten

Die blinden Pianisten wussten,
wann welchen Ton sie spielen mussten,
weil jeden einzeln sie erfassten
mit dem, was sie beherrschen: Tasten.

Flügel

Damit sein Tastenspiel gut klinge,
prüft der Vogel vorm Musizieren,
ob heil sind Instrument und Schwinge.
Der Flügel muss ja funktionieren.

Rock

Auf Hose und Schlager
hat er Null Bock.
Denn stattdessen mag er
viel lieber Rock.

Bach

Ich lausch, wenn am Wasserlauf ich lieg,
im Rausche der klassischen Musik.
Und lasse mich davon betör'n,
den guten alten Bach zu hör'n.

Bandscheibenvorfall

Jenes Ereignis mit den Scheiben,
diesen Schallplatten von der Band,
wird als das im Gedächtnis bleiben,
was man Band-Scheiben-Vorfall nennt.

Die vier Elemente

IV

WAS BLEIBT?

Sachen gibt's! – Besondere Gaben

Präsent

Des Geschenks Talent
ist, dass permanent,
selbst gänzlich absent,
es gilt als Präsent.

… Des Glückes Unterpfand

In Einigkeit, Recht und Freiheit
die Clique unterm Leergut fand
den Lottohauptgewinnbescheid.
Der Glanz des Glückes unter Pfand.

Stollen

Es steht eindeutig außer Frage:
Wenn Fußballschuhe, Weihnachtstage
und Bergbau funktionieren sollen,
dann brauchen diese Dinge Stollen.

Profil

Ob Autorad, Schuh oder Menschengestalt,
ein aufrichtig gutes Gefühl,
Beständigkeit sowie verlässlichen Halt
bieten nur jene mit Profil.

Aufgehen

Pläne und Hefe sind zwei Gaben,
die nutzlos sind allein durchs Haben.
Denn beide gibt es zwar zu Hauf.
Doch geh'n sie kaum vom Nichtstun auf.

Korb

Ob man Dich abweist oder ein
Präsentkörbchen Dir schickt.
Das Ende wird dasselbe sein:
Du hast 'nen Korb gekriegt.

Spargel-Spargel

Allein mittels Stangengemüse hat
er günstiges Haarstyling-Präparat
erzeugt, sprich: einen Weg erdacht,
wie man aus Spargel Spargel macht.

Gewinnlos

Einen Lotterieschein erstehen
heißt unweigerlich übergehen
in eine Zustandsform von zwei'n:
Gewinnlos haben oder sein.

Modern

Ein Werk aus morschem Holz gemacht,
ganz gleich, wozu und wann erdacht,
zeichnet sich aus insofern:
Es wird irgendwann modern.

Laster

Sammelt man LKW en masse
und frönt Sünden zahlreicher Art,
muss man sich eingestehen, dass
man eine Menge Laster hat.

Pracht

Mein innigstes Begehr
ist schlicht und einfach: *Pracht*.
Drum nutze ich *PR*
und gebe dazu *Acht*!

Chips

Der Nerd seine Platinen sucht
und die Kartoffel-Knabberei'n.
Er findet nichts, worauf er flucht:
„Wo können meine Chips nur sein?“

Couch

Sie sagt: „Schau's Liegemöbel an,
das ist für die Augen Autsch!“
Er rät ihr: „Pack ein K vorndran!
Dann wird daraus eine Kautsch.“

Eben

Der Boden bietet kein
Senken oder Heben.
Aber das soll so sein.
Denn so ist er eben.

Haken

Selbst die weltbeste Angel,
die völlig ohne Mangel
und fangsich'rer als Kraken,
hat am Ende 'nen Haken.

Strich

Unter ihm wär's großer Mist
und ging mir gegen ihn, wenn ich
doch tatsächlich auf ihn müsst.
Wer hier gemeint ist? Na, der Strich!

Strick

Als ihr nichts bleibt außer der Strick,
trennt sie sein S ab mit Geschick,
macht ihn auf diese Art zum Trick,
entfernt das T und erntet Rick.

Bezug

Bei Betten wählerisch ich bin.
Das sage ich ganz kurz und knapp.
Ich schlafe nur in einem drin,
zu dem einen Bezug ich hab.

Fahne(n)

Wer kommt mit Flagge winkend,
nach Suff aus dem Mund stinkend,
hat wohl, wie man schon ahne,
mehr als nur eine Fahne.

Boxen

Faustkampf sowie Lautsprecher und
auch Kisten, all das ist beliebt.
Wer die drei Dinge mag, hat Grund
zur Freude, wenn es Boxen gibt.

Vierfach scharf

Wer hochauflösend knipst, wie die
sexy Kochkraft Feuer-Chili
mit nem Top-Messer macht, erzielt
damit ein vierfach scharfes Bild.

Magazin

Verbraucht ist alle Munition,
gelesen alle Hefte schon.
Das ist nicht in meinem Sinne.
Ich brauch neue Magazine!

Blüten

Der Mann bringt Blumen seiner Frau
und dazu Falschgeldtüten.
Doch sie macht ihn dafür zur Sau,
denn sie mag keine Blüten.

Stift-Stift-Stift

Einer der Kloster-Azubis
ganz unverhofft per Nachlassschrift
sein Schreibgerät mir hinterließ.
Jetzt hab ich einen Stift-Stift-Stift.

USB

Die USA war'n als Format
zu konservativ und passé.
Deswegen fand ein Upgrade statt.
Und man kreierte USB.

Dorn-Röschen

Das Röschen scheint voll Güte,
wie aus Unschuld gebor'n,
lockt lieblich mit der Blüte
und sticht mit seinem Dorn.

Kettensegen

Meine Hosen sind schon ganz
bis nach oben hin voll wegen
der Weihe per Rosenkranz.
Ich hab Angst vor Kettensegen.

Nieten

Er zieht zwar nur Siegerlose,
doch sein Preis ist eine Dose
voll Metallbolzen fein und glatt,
sodass er doch nur Nieten hat.

Treue

Ganz schnell die olle Reue wird
zum Grund, dass man sich freue.
Denn wenn man einfach T addiert,
ist sie die tolle Treue.

Lachen

Seit Wochen gibt es keinen Regen.
Was soll der Pfützenfreund nur machen?
Verzweifelt trauert er deswegen
und wünscht sich doch nur eines: Lachen!

Stoff

Dem Drogenboss gelangt etwas
vom feinen Rauschpulver auf das
erles'ne Hemd und er schimpft schroff:
„Das gibt's doch nicht! Der gute Stoff!"

Wirtschaft & Finanzen

Kirchensteuer

Weil nun mal das Universum
doch war ziemlich teuer,
braucht der liebe Gott Geld und drum
gibt's die Kirchensteuer.

Geld

Geschaffen für den Allzwecktausch,
er bringt Freiheit, Neid, Habsuchtrausch,
legt offen, wer Schuft und wer Held,
der Fluch und Segen namens Geld.

Automobil-Deal

Ich gab bei einem Deal
her mein Automobil,
konnt's lukrativ verkaufen,
musst' heimwärts aber laufen.

Schein wahren

Wenn ein Wesen in der Welt
noch so viel von Münzen hält;
ist Blendwerk sein Gebaren,
will's doch den Schein nur wahren.

Raten

Bei Leasing und beim Finanzier'n
helfen als Berechnungspaten
Quizmeister; die sind fit im Hirn
und kennen sich aus mit Raten.

Abgebrannt

Vollkommen unerwartet stand
ihr Heim samt Hab und Gut in Flammen.
Und obwohl letzt'ren sie entkamen,
war'n auch sie danach abgebrannt.

Fixkosten

Der Ex-Junkie lebt ohne Tadel.
Seit Jahr'n ist er weg von der Nadel.
Doch hat in seinen Rechnungsposten
er trotzdem weiterhin Fixkosten.

Diäten

Wer denkt, Abgeordnete täten
zum Abspecken sich nie bequemen,
beachte, wie viele Diäten
bereitwillig sie auf sich nehmen.

Gläubiger

Wie reich macht doch die Religion.
Man hat einfach viel mehr davon,
als echter Gläubiger zu leben,
und einträglich Kredit zu geben.

Alles, was (Un)recht ist

Klauen

An Diebstahl und an großen Krallen,
das gestehe ich ganz ehrlich,
finde ich keinerlei Gefallen.
Klauen halt ich für gefährlich.

Gestanden

Gebeichtet hat, der angeklagt,
sein Tun in Räuber-Banden,
denn man hat ihm 'nen Stuhl versagt.
Also hat er gestanden.

Verdacht

Einer von der Erbentruppe
dem reichen Opa Essen macht,
und sagt kühl: „Ich schöpf nur Suppe!"
Der Opa meint: "Ich schöpf Verdacht!"

Schwarz

Der Spitzbub sich die Hände reibt,
weil die Zahlen, welche er schreibt,
genau sind wie seine Zugfahrts-
und Arbeitsweise: nämlich schwarz.

Mitgift (Schwarze Witwe)

Zum Anbeginn all ihrer Ehen
per Mitgift sie die Herr'n bewegte,
während deren zu Ende Gehen
sie mit Gift zu erwirken pflegte.

Metall

Der *Wolfram* dachte frech:
„Fürs Tafel*silber blech*
ich auf gar keinen Fall!"
So kam es, dass er's *stahl*.

Schlechtes Beispiel

Selbst was völlig negatives,
ganz gleich, wie schlimm's ist oder tut,
birgt doch etwas positives.
Es ist als schlechtes Beispiel gut.

Gefasst

Schnappt mich die Polizei
und ich muss in den Knast,
und komme nicht mehr frei,
dann bleibe ich gefasst.

Abstecher

'Nen Abstecher, 'nen kleinen,
mehr wollten sie nicht
und adoptierten einen
Sohn, der Leut' ersticht.

Damenhaft

„Ich bin eine Dame!" schimpft sie wüst,
als man sie ins Gefängnis schafft.
„Gewiss doch!" erklärt der Polizist:
„Drum kommen sie in Damenhaft!"

Girlkott

Die Frauenrechtsbewegungscrew
mahnt, jedes Diskriminieren
weiblicher Sprache gänzlich zu
boy… pardon, zu girlkottieren.

Liberté

Der Franzos' wird eingelocht
und kriegt nur Kaffee,
weshalb er auf Freiheit pocht:
„Isch will lieber Tee!"

Tierschutz**

„Tierquälerei ist nicht OK!"
sag ich, „und dass das enden muss!"
und zück mein Lederportemonnaie
zum Bratwurstkauf im Tierzirkus.

Mit den Armen

Das reiche Kind soll zu dem Zweck,
Bescheidenheit nicht zu vergessen,
statt nur mit Bonzen und Besteck,
mal öfter mit den Armen essen.

Maß

Den Literbierkrug schwenkt der Flegel
und macht alle(s) nass,
hält weder Grenze ein noch Regel,
aber er hält Maß.

**abgewandelte Strophe meines Gedichtes „Doppel-Moral"

Eid gebrochen

Er kotzte vom Buchstabensüppchen.
Aber nur das Buchstabengrüppchen
E – I – D kam herausgekrochen.
So ward von ihm ein „Eid" gebrochen.

Aufhalten

Ergreift er die Tür, dass sie offen steht,
oder die Diebin, damit sie nicht geht?
Ganz gleich, wie seine Entscheidung ausfällt.
Es endet damit, dass er sie aufhält.

Vom Gewissen etwas

Sie dachte, dass der Businesshai
reich am gewissen Etwas sei.
Doch hat sie bald erkennen müssen,
er hat nicht mal etwas Gewissen.

Übergeben

Zur Königin spricht der Tyrann:
„Sei mein! Und ich lass Dein Volk leben!"
Voll Ekel erklärt sie sodann:
„Ich glaub, ich muss mich übergeben."

Gas geben

Fahrtüchtig ist er zwar nicht mehr,
doch Gas zu geben sein Begehr.
Drum, weil er selbst nicht steuern kann,
lässt er ganz einfach einen fahr'n.

Schotten dicht

Die Schiffscrew aus Schottland hatte gesoffen
und vergaß die Arbeitspflicht.
So stand zwar an Bord jede Trennwand offen.
Dafür war'n die Schotten dicht.

Ungeladen

Ich tummel mich gern
auf Partys wie'n Neutron in
einem Atomkern:
Ungeladen mittendrin.

Überflüssig

Hat jemand zu viel Geld und sieht
nur Besitz und Geiz als schlüssig,
ist die Person überliquid,
also sie ist überflüssig.

(Un)Treuepunkte

Die Treuemarken beim Einkauf
lässt der Ehebrecher liegen.
Doch im Bordell freut er sich drauf,
Untreuepunkte zu kriegen.

Rund

Alles ist drin
zu mancher Stund.
Da geht's selbst in
der Ecke rund.

Kos(t)en

Das Haupt herzten die Kannibalen.
Dann lassen sie damit bezahlen
und sie schmecken es ab im Topf.
Menschenfresser kosten den Kopf.

Patriarchat (Schach II)

Dass die Frau ist stärkste Figur,
doch der König maßgeblich nur,
obwohl sein Wirken minimal;
das ist nicht nur beim Schach der Fall.

Lokus

Humor, der den Fokus
bei jeglichem Jokus
stets legt auf dem Tokus,
ist was für den Lokus.

Ausgestellt?

Ins Schaufenster will's Lagerlicht.
Doch weil's so treu tut seine Pflicht,
und nonstop die Kammer erhellt,
wird es einfach nicht ausgestellt.

(Abgedrehte) Mutter

Die Mutter ist fast abgedreht
von dem Motorrad-Rocker.
Und wenn sie mal total abgeht,
hat er 'ne Schraube locker.

Flinte & Korn

Der alles falsch machende Wicht
kann gar nichts, selbst aufgeben nicht.
Die Flinte ins Korn wirft er nie,
sondern er schmeißt das Korn in sie.

Regenbogen

Ich werde rot, als ich der Frau
Orangensaft schütt' aufs gelbe Korsett.
Darauf schlägt sie mich grün und blau
und meine Augen haut sie violett.

Grund

Wer es sich aufrichtig vornimmt,
seine Pflanzen gesund
gedeih'n zu lassen, hat bestimmt
dafür 'nen guten Grund.

Ausgemacht

Dass es mir tatsächlich mal
so geht, hätt' ich nicht gedacht.
Und doch hat der Stromausfall
mir einiges ausgemacht.

Filmriss

Sein Filmriss ein totaler war,
und die Party 'ne wilde.
Er wusst nix, war auf Fotos zwar,
doch leider nicht im Bilde.

Ansteckend

Die Krux am Pyromanen war:
Obwohl er nie infektiös gewesen,
dass man erkrankt und müsste genesen,
galt bei ihm Ansteckungsgefahr.

Rücktritt

Man mahnte den Regenten recht
deutlich per Fußkick,
dass er endlich abdanken möcht'.
Da trat er zurück.

Klug

Meide klug
Lug und Trug.
Solch Unfug
gibt's genug.

Aus & vorbei

Abgeschlossen

Der Vorfall mit dem Schlüssel nagt
nicht mehr an mir, ist abgehakt.
Hab kein Tränchen mehr vergossen,
sondern mit ihm abgeschlossen.

Zu wenig Herz

Wenn man nur Karo, Kreuz und Pik
gelegt hat und damit den Sieg
beim Kartenspiel lieblos vergeigt,
hat man zu wenig Herz gezeigt.

Unter...

Ein Fehler ist ihm *unter*laufen
beim *Unter*wandern der Armeen,
weshalb seine Soldatenhaufen,
statt die der ander'n *unter*gehen.

Flaue(r) Power

Des Hippies Körperkraft ist flau,
so flau, dass ihn die Ehefrau
verlässt für'n breiten Mauerbauer.
Sie hat genug von flauer Power.

Vase

Als sie sah, wie er ihre Base
liebkoste, schnappte sie die Vase,
warf ihm das Ding voll auf die Nase,
drehte sich um und – Zack! – weg war 'se!

… Reicht es mir!

Gebt das Ding her!
Ich brauch es hier.
Ich wart' nicht mehr.
Jetzt reicht es mir!

Haut ab!

„Wirst Du die Pelle uns abzieh'n
oder dürfen wir doch entflieh'n?"
den Psychopath gefragt ich hab.
Er lächelt nur und sagt: „Haut ab!"

Bär

Weil sie fälschlich glaubten, sie wären
weit genug weg vom Grizzly-Bären,
ist der Zustand der Wanderer
statt lebend nun ein anderer.

Hängen

Er war mit dem Galgen intim,
was zwar nicht lange ging,
doch dazu führte, dass an ihm
er bis zum Tode hing.

Besteck

Er zieht los, bestens eingedeckt,
und gabelt dann sie auf im Pub.
Doch hat ein Messer sie versteckt.
Darauf gibt er den Löffel ab.

Futsch

Hinterm Steuer ich nur dann knutsch,
wenn das Auto stillsteht, sonst rutsch
ich von der Straß', dann wär die Kutsch'
samt mir und meinem Liebchen futsch.

Heiß & kalt

Er hat's am Herz, was sie nicht weiß.
Denn er ist von strammer Gestalt.
Also macht sie ihn richtig heiß
und damit blöderweise kalt.

Begehen

Verbrechen lassen sich durchaus
wie Bruchbuden verstehen.
Trotz cleverstem Begehen
kommt man womöglich nicht heil raus.

Verziehen

Egal, ob wird vergeben mir,
oder ob mir nur bleibt, von hier
davonzulaufen und zu fliehen.
So oder so heißt es: Verziehen.

Besetzung

Mit Klos ist's wie beim Casting oft.
Besetzt, was zu besetzen wär.
Und wird doch frei was unverhofft,
gibt's trotzdem keine Rolle mehr.

Fregatte

Der alte Seemann resigniert.
Denn ob daheim beim Weibe steh'n,
oder an Bord, er weiß er wird
durch 'ne Fregatte untergeh'n.

Unfall

Neulich stand in 'nem Artikel:
Fahrer schrottete Vehikel
abgelenkt durch am Testikel
befindliche Juck-Partikel.

Abkratzen

Ist die Windschutzscheib(e) vereist,
führt dies oft zu Verdruss.
Weil das in der Regel (ver)heißt,
dass man abkratzen muss.

Eingelocht

Stolz prahlt der Polizist am Ziel:
„Die Billard-Gang war ausgekocht.
Doch dann stieß ich zum Kugel-Spiel
und hab sie alle eingelocht."

Ende

Es kommt zu jedem unbestechlich.
Nicht eins vermag, zu widerstehen.
Denn gleich, wie stark und unzerbrechlich,
Ein jedes ist, um zu vergehen.

End

Everything it comes to cover.
None will last, no pain, no clover.
Destined is all to be over.

Übersicht aller Vierzeiler

So, das war's mit

Vier In Einer Runde.

Vorbei Ist's. Ende. Ready.

Vielen und Innigen Dank Euch! Au Revoir,

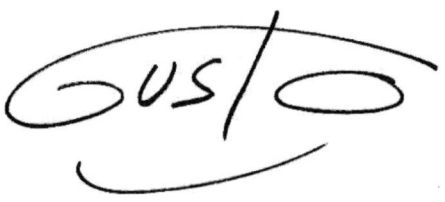